寫心經·隨身版

一句一句慢慢寫，讓你心生歡喜，離一切煩惱

張明明——範帖書寫

《寫心經・隨身版》使用說明

佛教東來，很長的一段時間裡，以皇朝之力譯經，文人雅士也多是佛家信徒，書法家們書寫的佛經，更成為了藝術珍品。一般人進香拜佛，在各種佛事之間寄託心靈安康，佛經就伴隨著人們的生活流傳下來。

因為識字因為書寫工具的緣故，雖然佛典上載明聽、說、讀、誦、為人演說、書寫，都是有功德之事，但親筆寫經並不是人人可行之事。

寫經，慢慢成為日常事，大概是這近20年的事，寫經「有功德」的傳統意義，也逐漸轉化為「為他人祈福祝福」、「讓自己安心自在」的最佳療癒手段之一。

漫遊者的寫經系列，到目前為止，一共有五種經本，分別是《心經》、《藥師經》、《金剛經》、《妙法蓮華經—觀世音菩薩普門品》、《阿彌陀經》，這些寫經本也各有一般書籍開本的25開及A4的好寫大開本。

為什麼還要再出版隨身版本的寫心經？

這次出版的《寫心經・隨身版》，特意打破一般書籍常規的格式，用更容易攜帶的開本來呈現。在內文上也打破連寫的規矩，用更貼近讀誦的斷句方式來表現。

這些「打破」，都是想讓寫經變得更容易。

在寫經的當下，感謝過去的種種經歷，祈願即將到來的每一天都平安自在。

心經260個字，每寫一字都能讓你在一筆一畫間享受一段獨處的自我感悟時光，練習沒有罣礙。

《寫心經‧隨身版》共可以書寫36遍。越自在越安定，隨身寫，心生歡喜，祝福一切事情都圓滿。

【關於心經】

《般若波羅蜜多心經》，也稱做《心經》，以緣起性空的般若智慧，使我們「度過煩惱，到達彼岸」。

在《大正藏》中收有七種《心經》的漢譯本，最早的譯本出自姚秦‧鳩摩羅什，流通最廣的譯本則是唐朝三藏法師玄奘的版本。

本書採用的即是唐朝三藏法師玄奘的譯本。

【範帖書寫】張明明

- 張明明老師，宜蘭人。
- 長年習字，師事書法名家陳鏡聰先生、江育民先生。
- 多次獲得美展書法類優選，參加當代書藝展聯展。
- 著有《寫心經》、《寫‧藥師經》、《寫‧金剛經》、《寫‧觀世音菩薩普門品》、《寫‧阿彌陀經》
- 抄經寫字練習不輟。

般若波羅蜜多心經

玄奘法師譯

觀自在菩薩。
行深般若波羅蜜多時。
照見五蘊皆空。
度一切苦厄。
舎利子。
色不異空。空不異色。
色即是空。空即是色。
受想行識。亦復如是。
舎利子。是諸法空相。
不生不滅。不垢不浄。
不増不減。

是故空中無色
無受想行識
無眼耳鼻舌身意
無色聲香味觸法
無眼界乃至無意識界
無無明亦無無明盡
乃至無老死亦無老死盡
無苦集滅道無智亦無得
以無所得故菩提薩埵
依般若波羅蜜多故
心無罣礙
無罣礙故無有恐怖
遠離顛倒夢想究竟涅槃

三世諸佛
依般若波羅蜜多故
得阿耨多羅三藐三菩提
故知般若波羅蜜多
是大神呪是大明呪
是無上呪是無等等呪
能除一切苦真實不虛
故説般若波羅蜜多呪
即説呪曰
羯諦羯諦 波羅羯諦
波羅僧羯諦 菩提薩婆訶

般若波羅蜜多心経

玄奘法師譯

觀自在菩薩。

行深般若波羅蜜多時。

照見五蘊皆空。

度一切苦厄。

舍利子。

色不異空。空不異色。

色即是空。空即是色。

受想行識。亦復如是。

舍利子。是諸法空相。

不生不滅。不垢不浄。

不増不減。

是故空中無色
無受想行識
無眼耳鼻舌身意
無色聲香味觸法
無眼界乃至無意識界
無無明亦無無明盡
乃至無老死亦無老死盡
無苦集滅道無智亦無得
以無所得故菩提薩埵
依般若波羅蜜多故
心無罣礙
無罣礙故無有恐怖
遠離顛倒夢想究竟涅槃

三世諸佛
依般若波羅蜜多故。
得阿耨多羅三藐三菩提。
故知般若波羅蜜多。
是大神咒。是大明咒。
是無上咒。是無等等咒。
能除一切苦。真實不虛。
故說般若波羅蜜多咒。
即說咒曰。
揭諦。揭諦。
波羅揭諦。
波羅僧揭諦。
菩提薩婆訶。

般若波羅蜜多心經

玄奘法師譯

觀自在菩薩。
行深般若波羅蜜多時。
照見五蘊皆空。
度一切苦厄。
舍利子。
色不異空。空不異色。
色即是空。空即是色。
受想行識。亦復如是。
舍利子。是諸法空相。
不生不滅。不垢不浄。
不增不減。

是故空中無色
無受想行識
無眼耳鼻舌身意
無色聲香味觸法
無眼界乃至無意識界
無無明亦無無明盡
乃至無老死亦無老死盡
無苦集滅道無智亦無得
以無所得故菩提薩埵
依般若波羅蜜多故
心無罣礙
無罣礙故無有恐怖
遠離顛倒夢想究竟涅槃

三世諸佛
依般若波羅蜜多故
得阿耨多羅三藐三菩提
故知般若波羅蜜多
是大神呪是大明呪
是無上呪是無等等呪
能除一切苦真實不虛
故説般若波羅蜜多呪
即説呪曰
掲諦掲諦 波羅掲諦
波羅僧掲諦 菩提薩婆訶

般若波羅蜜多心經

玄奘法師譯

觀自在菩薩。
行深般若波羅蜜多時。
照見五蘊皆空。
度一切苦厄。
舍利子。
色不異空。空不異色。
色即是空。空即是色。
受想行識。亦復如是。
舍利子。是諸法空相。
不生不滅。不垢不淨。
不增不減。

是故空中無色
無受想行識
無眼耳鼻舌身意
無色聲香味觸法
無眼界乃至無意識界
無無明亦無無明盡
乃至無老死亦無老死盡
無苦集滅道無智亦無得
以無所得故菩提薩埵
依般若波羅蜜多故
心無罣礙
無罣礙故無有恐怖
遠離顛倒夢想究竟涅槃

三世諸佛
依般若波羅蜜多故
得阿耨多羅三藐三菩提
故知般若波羅蜜多
是大神呪是大明呪
是無上呪是無等等呪
能除一切苦真實不虛
故說般若波羅蜜多呪
即說呪曰
揭諦揭諦 波羅揭諦
波羅僧揭諦 菩提薩婆訶

般若波羅蜜多心経

玄奘法師譯

觀自在菩薩。
行深般若波羅蜜多時。
照見五蘊皆空。
度一切苦厄。
舍利子。
色不異空。空不異色。
色即是空。空即是色。
受想行識。亦復如是。
舍利子。是諸法空相
不生不滅。不垢不浄。
不增不減。

是故空中無色
無受想行識
無眼耳鼻舌身意
無色聲香味觸法
無眼界乃至無意識界
無無明亦無無明盡
乃至無老死亦無老死盡
無苦集滅道無智亦無得
以無所得故菩提薩埵
依般若波羅蜜多故
心無罣礙
無罣礙故無有恐怖
遠離顛倒夢想究竟涅槃

三世諸佛
依般若波羅蜜多故
得阿耨多羅三藐三菩提
故知般若波羅蜜多
是大神呪是大明呪
是無上呪是無等等呪
能除一切苦真實不虚
故説般若波羅蜜多呪
即説呪曰
掲諦掲諦　波羅掲諦
波羅僧掲諦　菩提薩婆訶

般若波羅蜜多心經

玄奘法師譯

觀自在菩薩。
行深般若波羅蜜多時。
照見五蘊皆空。
度一切苦厄。
舍利子。
色不異空。空不異色。
色即是空。空即是色。
受想行識。亦復如是。
舍利子。是諸法空相。
不生不滅。不垢不浄。
不增不減。

是故空中無色
無受想行識
無眼耳鼻舌身意
無色聲香味觸法
無眼界乃至無意識界
無無明亦無無明盡
乃至無老死亦無老死盡
無苦集滅道無智亦無得
以無所得故菩提薩埵
依般若波羅蜜多故
心無罣礙
無罣礙故無有恐怖
遠離顛倒夢想究竟涅槃

三世諸佛
依般若波羅蜜多故。
得阿耨多羅三藐三菩提。
故知般若波羅蜜多。
是大神呪。是大明呪。
是無上呪。是無等等呪。
能除一切苦。真實不虛。
故說般若波羅蜜多呪。
即說呪曰。
揭諦。揭諦。 波羅揭諦。
波羅僧揭諦。 菩提薩婆訶。

般若波羅蜜多心經

玄奘法師譯

觀自在菩薩。
行深般若波羅蜜多時。
照見五蘊皆空。
度一切苦厄。
舍利子。
色不異空。空不異色。
色即是空。空即是色。
受想行識。亦復如是。
舍利子。是諸法空相。
不生不滅。不垢不淨。
不增不減。

是故空中無色
無受想行識
無眼耳鼻舌身意
無色聲香味觸法
無眼界乃至無意識界
無無明亦無無明盡
乃至無老死亦無老死盡
無苦集滅道無智亦無得
以無所得故菩提薩埵
依般若波羅蜜多故
心無罣礙
無罣礙故無有恐怖
遠離顛倒夢想究竟涅槃

三世諸佛
依般若波羅蜜多故
得阿耨多羅三藐三菩提
故知般若波羅蜜多
是大神呪是大明呪
是無上呪是無等等呪
能除一切苦真實不虛
故說般若波羅蜜多呪
即說呪曰
揭諦揭諦 波羅揭諦
波羅僧揭諦 菩提薩婆訶

般若波羅蜜多心經

玄奘法師譯

觀自在菩薩。
行深般若波羅蜜多時。
照見五蘊皆空。
度一切苦厄。
舍利子。
色不異空。空不異色。
色即是空。空即是色。
受想行識。亦復如是。
舍利子。是諸法空相。
不生不滅。不垢不淨。
不增不減。

是故空中無色
無受想行識
無眼耳鼻舌身意
無色聲香味觸法
無眼界乃至無意識界
無無明亦無無明盡
乃至無老死亦無老死盡
無苦集滅道無智亦無得
以無所得故菩提薩埵
依般若波羅蜜多故
心無罣礙
無罣礙故無有恐怖
遠離顛倒夢想究竟涅槃

三世諸佛
依般若波羅蜜多故
得阿耨多羅三藐三菩提
故知般若波羅蜜多
是大神呪是大明呪
是無上呪是無等等呪
能除一切苦真實不虛
故説般若波羅蜜多呪
即説呪曰
揭諦揭諦 波羅揭諦
波羅僧揭諦 菩提薩婆訶

般若波羅蜜多心經

玄奘法師譯

觀自在菩薩。
行深般若波羅蜜多時。
照見五蘊皆空。
度一切苦厄。
舍利子。
色不異空。
空不異色。
色即是空。
空即是色。
受想行識。
亦復如是。
舍利子。
是諸法空相。
不生不滅。
不垢不凈。
不增不減。

是故空中無色
無受想行識
無眼耳鼻舌身意
無色聲香味觸法
無眼界乃至無意識界
無無明亦無無明盡
乃至無老死亦無老死盡
無苦集滅道無智亦無得
以無所得故菩提薩埵
依般若波羅蜜多故
心無罣礙
無罣礙故無有恐怖
遠離顛倒夢想究竟涅槃

三世諸佛
依般若波羅蜜多故
得阿耨多羅三藐三菩提
故知般若波羅蜜多
是大神呪是大明呪
是無上呪是無等等呪
能除一切苦真實不虚
故説般若波羅蜜多呪
即説呪曰
揭諦揭諦 波羅揭諦
波羅僧揭諦 菩提薩婆訶

般若波羅蜜多心經

玄奘法師譯

觀自在菩薩。
行深般若波羅蜜多時。
照見五蘊皆空。
度一切苦厄。
舍利子。
色不異空。空不異色。
色即是空。空即是色。
受想行識。亦復如是。
舍利子。是諸法空相。
不生不滅。不垢不浄。
不增不減。

是故空中無色
無受想行識
無眼耳鼻舌身意
無色聲香味觸法
無眼界乃至無意識界
無無明亦無無明盡
乃至無老死亦無老死盡
無苦集滅道無智亦無得
以無所得故菩提薩埵
依般若波羅蜜多故
心無罣礙
無罣礙故無有恐怖
遠離顛倒夢想究竟涅槃

三世諸佛
依般若波羅蜜多故
得阿耨多羅三藐三菩提
故知般若波羅蜜多
是大神呪是大明呪
是無上呪是無等等呪
能除一切苦真實不虛
故説般若波羅蜜多呪
即説呪曰
揭諦揭諦 波羅揭諦
波羅僧揭諦 菩提薩婆訶

般若波羅蜜多心經

玄奘法師譯

觀自在菩薩。

行深般若波羅蜜多時。

照見五蘊皆空。

度一切苦厄。

舍利子。

色不異空。空不異色。

色即是空。空即是色。

受想行識。亦復如是。

舍利子。是諸法空相。

不生不滅。不垢不淨。

不增不減。

是故空中無色
無受想行識
無眼耳鼻舌身意
無色聲香味觸法
無眼界乃至無意識界
無無明亦無無明盡
乃至無老死亦無老死盡
無苦集滅道無智亦無得
以無所得故菩提薩埵
依般若波羅蜜多故
心無罣礙
無罣礙故無有恐怖
遠離顛倒夢想究竟涅槃

三世諸佛
依般若波羅蜜多故
得阿耨多羅三藐三菩提
故知般若波羅蜜多
是大神呪是大明呪
是無上呪是無等等呪
能除一切苦真實不虛
故説般若波羅蜜多呪
即説呪曰
掲諦掲諦 波羅掲諦
波羅僧掲諦 菩提薩婆訶

般若波羅蜜多心經

玄奘法師譯

觀自在菩薩。行深般若波羅蜜多時。照見五蘊皆空。度一切苦厄。舍利子。色不異空。空不異色。色即是空。空即是色。受想行識。亦復如是。舍利子。是諸法空相。不生不滅。不垢不浄。不增不減。

是故空中無色
無受想行識
無眼耳鼻舌身意
無色聲香味觸法
無眼界乃至無意識界
無無明亦無無明盡
乃至無老死亦無老死盡
無苦集滅道無智亦無得
以無所得故菩提薩埵
依般若波羅蜜多故
心無罣礙
無罣礙故無有恐怖
遠離顛倒夢想究竟涅槃

三世諸佛
依般若波羅蜜多故
得阿耨多羅三藐三菩提
故知般若波羅蜜多
是大神呪是大明呪
是無上呪是無等等呪
能除一切苦真實不虛
故説般若波羅蜜多呪
即説呪曰
揭諦揭諦 波羅揭諦
波羅僧揭諦 菩提薩婆訶

般若波羅蜜多心經

玄奘法師譯

觀自在菩薩。
行深般若波羅蜜多時。
照見五蘊皆空。
度一切苦厄。
舍利子。
色不異空。空不異色。
色即是空。空即是色。
受想行識。亦復如是。
舍利子。是諸法空相。
不生不滅。不垢不淨。
不增不減。

是故空中無色
無受想行識
無眼耳鼻舌身意
無色聲香味觸法
無眼界乃至無意識界
無無明亦無無明盡
乃至無老死亦無老死盡
無苦集滅道無智亦無得
以無所得故菩提薩埵
依般若波羅蜜多故
心無罣礙
無罣礙故無有恐怖
遠離顛倒夢想究竟涅槃

三世諸佛
依般若波羅蜜多故
得阿耨多羅三藐三菩提
故知般若波羅蜜多
是大神呪是大明呪
是無上呪是無等等呪
能除一切苦真實不虚
故説般若波羅蜜多呪
即説呪曰
掲諦掲諦 波羅掲諦
波羅僧掲諦 菩提薩婆訶

般若波羅蜜多心經

玄奘法師譯

觀自在菩薩。行深般若波羅蜜多時。照見五蘊皆空。度一切苦厄。舍利子。色不異空。空不異色。色即是空。空即是色。受想行識。亦復如是。舍利子。是諸法空相。不生不滅。不垢不净。不增不減。

是故空中無色
無受想行識
無眼耳鼻舌身意
無色聲香味觸法
無眼界乃至無意識界
無無明亦無無明盡
乃至無老死亦無老死盡
無苦集滅道無智亦無得
以無所得故菩提薩埵
依般若波羅蜜多故
心無罣礙
無罣礙故無有恐怖
遠離顛倒夢想究竟涅槃

三世諸佛
依般若波羅蜜多故
得阿耨多羅三藐三菩提
故知般若波羅蜜多
是大神呪是大明呪
是無上呪是無等等呪
能除一切苦真實不虛
故説般若波羅蜜多呪
即説呪曰
揭諦揭諦 波羅揭諦
波羅僧揭諦 菩提薩婆訶

般若波羅蜜多心経

玄奘法師譯

觀自在菩薩。
行深般若波羅蜜多時。
照見五蘊皆空。
度一切苦厄。
舍利子。
色不異空。空不異色。
色即是空。空即是色。
受想行識。亦復如是。
舍利子。是諸法空相。
不生不滅。不垢不浄。
不增不減。

是故空中無色
無受想行識
無眼耳鼻舌身意
無色聲香味觸法
無眼界乃至無意識界
無無明亦無無明盡
乃至無老死亦無老死盡
無苦集滅道無智亦無得
以無所得故菩提薩埵
依般若波羅蜜多故
心無罣礙
無罣礙故無有恐怖
遠離顛倒夢想究竟涅槃

三世諸佛
依般若波羅蜜多故
得阿耨多羅三藐三菩提
故知般若波羅蜜多
是大神呪是大明呪
是無上呪是無等等呪
能除一切苦真實不虚
故説般若波羅蜜多呪
即説呪曰
羯諦羯諦 波羅羯諦
波羅僧羯諦 菩提薩婆訶

般若波羅蜜多心經

玄奘法師譯

觀自在菩薩。行深般若波羅蜜多時。照見五蘊皆空。度一切苦厄。舍利子。色不異空。空不異色。色即是空。空即是色。受想行識。亦復如是。舍利子。是諸法空相。不生不滅。不垢不淨。不增不減。

是故空中無色
無受想行識
無眼耳鼻舌身意
無色聲香味觸法
無眼界乃至無意識界
無無明亦無無明盡
乃至無老死亦無老死盡
無苦集滅道無智亦無得
以無所淂故菩提薩埵
依般若波羅蜜多故
心無罣礙
無罣礙故無有恐怖
遠離顛倒夢想究竟涅槃

三世諸佛

依般若波羅蜜多故。

得阿耨多羅三藐三菩提。

故知般若波羅蜜多。

是大神呪。是大明呪。

是無上呪。是無等等呪。

能除一切苦。真實不虚。

故説般若波羅蜜多呪。

即説呪曰。

掲諦。掲諦。　波羅掲諦。

波羅僧掲諦。　菩提薩婆訶。

般若波羅蜜多心経

玄奘法師譯

観自在菩薩。
行深般若波羅蜜多時。
照見五蘊皆空。
度一切苦厄。
舎利子。
色不異空。空不異色。
色即是空。空即是色。
受想行識。亦復如是。
舎利子。是諸法空相。
不生不滅。不垢不浄。
不増不減。

是故空中無色
無受想行識
無眼耳鼻舌身意
無色聲香味觸法
無眼界乃至無意識界
無無明亦無無明盡
乃至無老死亦無老死盡
無苦集滅道無智亦無得
以無所得故菩提薩埵
依般若波羅蜜多故
心無罣礙
無罣礙故無有恐怖
遠離顛倒夢想究竟涅槃

三世諸佛
依般若波羅蜜多故
得阿耨多羅三藐三菩提
故知般若波羅蜜多
是大神呪是大明呪
是無上呪是無等等呪
能除一切苦真實不虚
故説般若波羅蜜多呪
即説呪曰
揭諦揭諦 波羅揭諦
波羅僧揭諦 菩提薩婆訶

般若波羅蜜多心經

玄奘法師譯

觀自在菩薩。

行深般若波羅蜜多時。

照見五蘊皆空。

度一切苦厄。

舍利子。

色不異空。空不異色。

色即是空。空即是色。

受想行識。亦復如是。

舍利子。是諸法空相。

不生不滅。不垢不淨。

不增不減。

是故空中無色
無受想行識
無眼耳鼻舌身意
無色聲香味觸法
無眼界乃至無意識界
無無明亦無無明盡
乃至無老死亦無老死盡
無苦集滅道無智亦無得
以無所得故菩提薩埵
依般若波羅蜜多故
心無罣礙
無罣礙故無有恐怖
遠離顛倒夢想究竟涅槃

三世諸佛
依般若波羅蜜多故。
得阿耨多羅三藐三菩提。
故知般若波羅蜜多。
是大神呪。是大明呪。
是無上呪。是無等等呪。
能除一切苦。真實不虚。
故説般若波羅蜜多呪。
即説呪曰。
揭諦。揭諦。波羅揭諦。
波羅僧揭諦。菩提薩婆訶。

般若波羅蜜多心経

玄奘法師譯

觀自在菩薩。

行深般若波羅蜜多時。

照見五蘊皆空。

度一切苦厄。

舍利子。

色不異空。空不異色。

色即是空。空即是色。

受想行識。亦復如是。

舍利子。是諸法空相

不生不滅。不垢不浄。

不増不減。

是故空中無色
無受想行識
無眼耳鼻舌身意
無色聲香味觸法
無眼界乃至無意識界
無無明亦無無明盡
乃至無老死亦無老死盡
無苦集滅道無智亦無得
以無所得故菩提薩埵
依般若波羅蜜多故
心無罣礙
無罣礙故無有恐怖
遠離顛倒夢想究竟涅槃

三世諸佛
依般若波羅蜜多故
得阿耨多羅三藐三菩提
故知般若波羅蜜多
是大神呪是大明呪
是無上呪是無等等呪
能除一切苦真實不虛
故説般若波羅蜜多呪
即説呪曰
揭諦揭諦　波羅揭諦
波羅僧揭諦　菩提薩婆訶

般若波羅蜜多心經

玄奘法師譯

觀自在菩薩。
行深般若波羅蜜多時。
照見五蘊皆空。
度一切苦厄。
舍利子。
色不異空。空不異色。
色即是空。空即是色。
受想行識。亦復如是。
舍利子。是諸法空相。
不生不滅。不垢不淨。
不增不減。

是故空中無色
無受想行識
無眼耳鼻舌身意
無色聲香味觸法
無眼界乃至無意識界
無無明亦無無明盡
乃至無老死亦無老死盡
無苦集滅道無智亦無得
以無所得故菩提薩埵
依般若波羅蜜多故
心無罣礙
無罣礙故無有恐怖
遠離顛倒夢想究竟涅槃

三世諸佛
依般若波羅蜜多故
得阿耨多羅三藐三菩提
故知般若波羅蜜多
是大神呪是大明呪
是無上呪是無等等呪
能除一切苦真實不虚
故説般若波羅蜜多呪
即説呪曰
揭諦揭諦
波羅揭諦
波羅僧揭諦
菩提薩婆訶

般若波羅蜜多心経
玄奘法師譯
觀自在菩薩。
行深般若波羅蜜多時。
照見五蘊皆空。
度一切苦厄。
舍利子。
色不異空。空不異色。
色即是空。空即是色。
受想行識。亦復如是。
舍利子。是諸法空相。
不生不滅。不垢不浄。
不増不減。

是故空中無色

無受想行識

無眼耳鼻舌身意

無色聲香味觸法

無眼界乃至無意識界

無無明亦無無明盡

乃至無老死亦無老死盡

無苦集滅道無智亦無得

以無所得故菩提薩埵

依般若波羅蜜多故

心無罣礙

無罣礙故無有恐怖

遠離顛倒夢想究竟涅槃

三世諸佛
依般若波羅蜜多故
得阿耨多羅三藐三菩提
故知般若波羅蜜多
是大神呪是大明呪
是無上呪是無等等呪
能除一切苦真實不虚
故説般若波羅蜜多呪
即説呪曰
掲諦掲諦　波羅掲諦
波羅僧掲諦　菩提薩婆訶

般若波羅蜜多心經

玄奘法師譯

觀自在菩薩。
行深般若波羅蜜多時。
照見五蘊皆空。
度一切苦厄。
舍利子。
色不異空。空不異色。
色即是空。空即是色。
受想行識。亦復如是。
舍利子。是諸法空相。
不生不滅。不垢不淨。
不增不減。

是故空中無色
無受想行識
無眼耳鼻舌身意
無色聲香味觸法
無眼界乃至無意識界
無無明亦無無明盡
乃至無老死亦無老死盡
無苦集滅道無智亦無得
以無所得故菩提薩埵
依般若波羅蜜多故
心無罣礙
無罣礙故無有恐怖
遠離顛倒夢想究竟涅槃

三世諸佛
依般若波羅蜜多故。
得阿耨多羅三藐三菩提。
故知般若波羅蜜多。
是大神呪。是大明呪。
是無上呪。是無等等呪。
能除一切苦。真實不虛。
故説般若波羅蜜多呪。
即説呪曰。
揭諦。揭諦。波羅揭諦。
波羅僧揭諦。菩提薩婆訶。

般若波羅蜜多心經

玄奘法師譯

觀自在菩薩。

行深般若波羅蜜多時。

照見五蘊皆空。

度一切苦厄。

舍利子。

色不異空。空不異色。

色即是空。空即是色。

受想行識。亦復如是。

舍利子。是諸法空相。

不生不滅。不垢不淨。

不增不減。

是故空中無色
無受想行識
無眼耳鼻舌身意
無色聲香味觸法
無眼界乃至無意識界
無無明亦無無明盡
乃至無老死亦無老死盡
無苦集滅道無智亦無得
以無所得故菩提薩埵
依般若波羅蜜多故
心無罣礙
無罣礙故無有恐怖
遠離顛倒夢想究竟涅槃

三世諸佛
依般若波羅蜜多故
得阿耨多羅三藐三菩提
故知般若波羅蜜多
是大神呪是大明呪
是無上呪是無等等呪
能除一切苦真實不虚
故説般若波羅蜜多呪
即説呪曰
掲諦掲諦　波羅掲諦
波羅僧掲諦　菩提薩婆訶

般若波羅蜜多心經

玄奘法師譯

觀自在菩薩。

行深般若波羅蜜多時。

照見五蘊皆空。

度一切苦厄。

舍利子。

色不異空。空不異色。

色即是空。空即是色。

受想行識。亦復如是。

舍利子。是諸法空相。

不生不滅。不垢不淨。

不增不減。

是故空中無色
無受想行識
無眼耳鼻舌身意
無色聲香味觸法
無眼界乃至無意識界
無無明亦無無明盡
乃至無老死亦無老死盡
無苦集滅道無智亦無得
以無所得故菩提薩埵
依般若波羅蜜多故
心無罣礙
無罣礙故無有恐怖
遠離顛倒夢想究竟涅槃

三世諸佛
依般若波羅蜜多故
得阿耨多羅三藐三菩提
故知般若波羅蜜多
是大神呪是大明呪
是無上呪是無等等呪
能除一切苦真實不虛
故説般若波羅蜜多呪
即説呪曰
揭諦揭諦 波羅揭諦
波羅僧揭諦 菩提薩婆訶

般若波羅蜜多心經

玄奘法師譯

觀自在菩薩。
行深般若波羅蜜多時。
照見五蘊皆空。
度一切苦厄。
舍利子。
色不異空。空不異色。
色即是空。空即是色。
受想行識。亦復如是。
舍利子。是諸法空相。
不生不滅。不垢不浄。
不增不減。

是故空中無色
無受想行識
無眼耳鼻舌身意
無色聲香味觸法
無眼界乃至無意識界
無無明亦無無明盡
乃至無老死亦無老死盡
無苦集滅道無智亦無得
以無所得故菩提薩埵
依般若波羅蜜多故
心無罣礙
無罣礙故無有恐怖
遠離顛倒夢想究竟涅槃

三世諸佛
依般若波羅蜜多故
得阿耨多羅三藐三菩提
故知般若波羅蜜多
是大神呪是大明呪
是無上呪是無等等呪
能除一切苦真實不虚
故説般若波羅蜜多呪
即説呪曰
揭諦揭諦　波羅揭諦
波羅僧揭諦　菩提薩婆訶

般若波羅蜜多心經

玄奘法師譯

觀自在菩薩。
行深般若波羅蜜多時。
照見五蘊皆空。
度一切苦厄。
舍利子。
色不異空。空不異色。
色即是空。空即是色。
受想行識。亦復如是。
舍利子。是諸法空相。
不生不滅。不垢不淨。
不增不減。

是故空中無色
無受想行識
無眼耳鼻舌身意
無色聲香味觸法
無眼界乃至無意識界
無無明亦無無明盡
乃至無老死亦無老死盡
無苦集滅道無智亦無得
以無所得故菩提薩埵
依般若波羅蜜多故
心無罣礙
無罣礙故無有恐怖
遠離顛倒夢想究竟涅槃

三世諸佛

依般若波羅蜜多故

得阿耨多羅三藐三菩提

故知般若波羅蜜多

是大神呪是大明呪

是無上呪是無等等呪

能除一切苦真實不虛

故説般若波羅蜜多呪

即説呪曰

掲諦掲諦 波羅掲諦

波羅僧掲諦 菩提薩婆訶

般若波羅蜜多心經

玄奘㳒師譯

觀自在菩薩。
行深般若波羅蜜多時。
照見五蘊皆空。
度一切苦厄。
舍利子。
色不異空。空不異色。
色即是空。空即是色。
受想行識。亦復如是。
舍利子。是諸㳒空相。
不生不滅。不垢不淨。
不增不減。

是故空中無色
無受想行識
無眼耳鼻舌身意
無色聲香味觸法
無眼界乃至無意識界
無無明亦無無明盡
乃至無老死亦無老死盡
無苦集滅道無智亦無得
以無所得故菩提薩埵
依般若波羅蜜多故
心無罣礙
無罣礙故無有恐怖
遠離顛倒夢想究竟涅槃

三世諸佛
依般若波羅蜜多故
得阿耨多羅三藐三菩提
故知般若波羅蜜多
是大神呪是大明呪
是無上呪是無等等呪
能除一切苦真實不虚
故説般若波羅蜜多呪
即説呪曰
掲諦掲諦　波羅掲諦
波羅僧掲諦　菩提薩婆訶

般若波羅蜜多心經

玄奘法師譯

觀自在菩薩。
行深般若波羅蜜多時。
照見五蘊皆空。
度一切苦厄。
舍利子。
色不異空。空不異色。
色即是空。空即是色。
受想行識。亦復如是。
舍利子。是諸法空相。
不生不滅。不垢不淨。
不增不減。

是故空中無色
無受想行識
無眼耳鼻舌身意
無色聲香味觸法
無眼界乃至無意識界
無無明亦無無明盡
乃至無老死亦無老死盡
無苦集滅道無智亦無得
以無所得故菩提薩埵
依般若波羅蜜多故
心無罣礙
無罣礙故無有恐怖
遠離顛倒夢想究竟涅槃

三世諸佛
依般若波羅蜜多故
得阿耨多羅三藐三菩提
故知般若波羅蜜多
是大神呪是大明呪
是無上呪是無等等呪
能除一切苦真實不虛
故説般若波羅蜜多呪
即説呪曰
揭諦揭諦 波羅揭諦
波羅僧揭諦 菩提薩婆訶

般若波羅蜜多心經

玄奘法師譯

觀自在菩薩。
行深般若波羅蜜多時。
照見五蘊皆空。
度一切苦厄。
舎利子。
色不異空。空不異色。
色即是空。空即是色。
受想行識。亦復如是。
舎利子。是諸法空相。
不生不滅。不垢不浄。
不增不減。

是故空中無色
無受想行識
無眼耳鼻舌身意
無色聲香味觸法
無眼界乃至無意識界
無無明亦無無明盡
乃至無老死亦無老死盡
無苦集滅道無智亦無得
以無所得故菩提薩埵
依般若波羅蜜多故
心無罣礙
無罣礙故無有恐怖
遠離顛倒夢想究竟涅槃

三世諸佛
依般若波羅蜜多故
得阿耨多羅三藐三菩提
故知般若波羅蜜多
是大神呪是大明呪
是無上呪是無等等呪
能除一切苦真實不虚
故説般若波羅蜜多呪
即説呪曰
羯諦羯諦 波羅羯諦
波羅僧羯諦 菩提薩婆訶

般若波羅蜜多心經

玄奘法師譯

觀自在菩薩。
行深般若波羅蜜多時。
照見五蘊皆空。
度一切苦厄。
舍利子。
色不異空。空不異色。
色即是空。空即是色。
受想行識。亦復如是。
舍利子。是諸法空相。
不生不滅。不垢不淨。
不增不減。

是故空中無色
無受想行識
無眼耳鼻舌身意
無色聲香味觸法
無眼界乃至無意識界
無無明亦無無明盡
乃至無老死亦無老死盡
無苦集滅道無智亦無得
以無所得故菩提薩埵
依般若波羅蜜多故
心無罣礙
無罣礙故無有恐怖
遠離顛倒夢想究竟涅槃

三世諸佛
依般若波羅蜜多故
得阿耨多羅三藐三菩提
故知般若波羅蜜多
是大神呪是大明呪
是無上呪是無等等呪
能除一切苦真實不虛
故説般若波羅蜜多呪
即説呪曰
揭諦揭諦 波羅揭諦
波羅僧揭諦 菩提薩婆訶

般若波羅蜜多心經

玄奘法師譯

觀自在菩薩。
行深般若波羅蜜多時。
照見五蘊皆空。
度一切苦厄。
舍利子。
色不異空。空不異色。
色即是空。空即是色。
受想行識。亦復如是。
舍利子。是諸法空相。
不生不滅。不垢不淨。
不增不減。

是故空中無色
無受想行識
無眼耳鼻舌身意
無色聲香味觸法
無眼界乃至無意識界
無無明亦無無明盡
乃至無老死亦無老死盡
無苦集滅道無智亦無得
以無所得故菩提薩埵
依般若波羅蜜多故
心無罣礙
無罣礙故無有恐怖
遠離顛倒夢想究竟涅槃

三世諸佛
依般若波羅蜜多故
得阿耨多羅三藐三菩提
故知般若波羅蜜多
是大神呪是大明呪
是無上呪是無等等呪
能除一切苦真實不虚
故説般若波羅蜜多呪
即説呪曰
揭諦揭諦　波羅揭諦
波羅僧揭諦　菩提薩婆訶

般若波羅蜜多心經

玄奘法師譯

觀自在菩薩。行深般若波羅蜜多時。照見五蘊皆空。度一切苦厄。舍利子。色不異空。空不異色。色即是空。空即是色。受想行識。亦復如是。舍利子。是諸法空相。不生不滅。不垢不淨。不增不減。

是故空中無色
無受想行識
無眼耳鼻舌身意
無色聲香味觸法
無眼界乃至無意識界
無無明亦無無明盡
乃至無老死亦無老死盡
無苦集滅道無智亦無得
以無所得故菩提薩埵
依般若波羅蜜多故
心無罣礙
無罣礙故無有恐怖
遠離顛倒夢想究竟涅槃

三世諸佛
依般若波羅蜜多故。
得阿耨多羅三藐三菩提。
故知般若波羅蜜多。
是大神呪。是大明呪。
是無上呪。是無等等呪。
能除一切苦。真實不虛。
故説般若波羅蜜多呪。
即説呪曰。
揭諦。揭諦。波羅揭諦。
波羅僧揭諦。菩提薩婆訶。

般若波羅蜜多心經

玄奘法師譯

觀自在菩薩。
行深般若波羅蜜多時。
照見五蘊皆空。
度一切苦厄。
舍利子。
色不異空。空不異色。
色即是空。空即是色。
受想行識。亦復如是。
舍利子。是諸法空相。
不生不滅。不垢不浄。
不增不減。

是故空中無色。
無受想行識。
無眼耳鼻舌身意。
無色聲香味觸法。
無眼界。乃至無意識界。
無無明。亦無無明盡。
乃至無老死亦無老死盡。
無苦集滅道。無智亦無得。
以無所得故。菩提薩埵。
依般若波羅蜜多故。
心無罣礙。
無罣礙故。無有恐怖。
遠離顛倒夢想。究竟涅槃。

三世諸佛
依般若波羅蜜多故
得阿耨多羅三藐三菩提
故知般若波羅蜜多
是大神呪是大明呪
是無上呪是無等等呪
能除一切苦真實不虛
故説般若波羅蜜多呪
即説呪曰
掲諦掲諦　波羅掲諦
波羅僧掲諦　菩提薩婆訶

般若波羅蜜多心經

玄奘法師譯

觀自在菩薩。

行深般若波羅蜜多時。

照見五蘊皆空。

度一切苦厄。

舍利子。

色不異空。空不異色。

色即是空。空即是色。

受想行識。亦復如是。

舍利子。是諸法空相。

不生不滅。不垢不淨。

不增不減。

是故空中無色
無受想行識
無眼耳鼻舌身意
無色聲香味觸㳒
無眼界乃至無意識界
無無明亦無無明盡
乃至無老死亦無老死盡
無苦集滅道無智亦無得
以無所淂故菩提薩埵
依般若波羅蜜多故
心無罣礙
無罣礙故無有恐怖
遠離顛倒夢想究竟涅槃

三世諸佛
依般若波羅蜜多故。
得阿耨多羅三藐三菩提。
故知般若波羅蜜多。
是大神呪。是大明呪。
是無上呪。是無等等呪。
能除一切苦。真實不虛。
故説般若波羅蜜多呪。
即説呪曰。
揭諦。揭諦。波羅揭諦。
波羅僧揭諦。菩提薩婆訶。

般若波羅蜜多心經

玄奘法師譯

觀自在菩薩。
行深般若波羅蜜多時。
照見五蘊皆空。
度一切苦厄。
舍利子。
色不異空。空不異色。
色即是空。空即是色。
受想行識。亦復如是。
舍利子。是諸法空相。
不生不滅。不垢不浄。
不増不減。

是故空中無色
無受想行識
無眼耳鼻舌身意
無色聲香味觸法
無眼界乃至無意識界
無無明亦無無明盡
乃至無老死亦無老死盡
無苦集滅道無智亦無得
以無所得故菩提薩埵
依般若波羅蜜多故
心無罣礙
無罣礙故無有恐怖
遠離顛倒夢想究竟涅槃

三世諸佛
依般若波羅蜜多故
得阿耨多羅三藐三菩提
故知般若波羅蜜多
是大神呪是大明呪
是無上呪是無等等呪
能除一切苦真實不虛
故説般若波羅蜜多呪
即説呪曰
掲諦掲諦　波羅掲諦
波羅僧掲諦　菩提薩婆訶

般若波羅蜜多心經

玄奘法師譯

觀自在菩薩。行深般若波羅蜜多時。照見五蘊皆空。度一切苦厄。舍利子。色不異空。空不異色。色即是空。空即是色。受想行識。亦復如是。舍利子。是諸法空相。不生不滅。不垢不淨。不增不減。

是故空中無色
無受想行識
無眼耳鼻舌身意
無色聲香味觸法
無眼界乃至無意識界
無無明亦無無明盡
乃至無老死亦無老死盡
無苦集滅道無智亦無得
以無所得故菩提薩埵
依般若波羅蜜多故
心無罣礙
無罣礙故無有恐怖
遠離顛倒夢想究竟涅槃

三世諸佛
依般若波羅蜜多故
得阿耨多羅三藐三菩提
故知般若波羅蜜多
是大神呪是大明呪
是無上呪是無等等呪
能除一切苦真實不虚
故説般若波羅蜜多呪
即説呪曰
揭諦揭諦 波羅揭諦
波羅僧揭諦 菩提薩婆訶

寫心經・隨身版

一句一句慢慢寫，讓你心生歡喜，離一切煩惱

範帖寫作　張明明
封面設計　蔡南昇
內頁構成　簡至成

行銷企劃　蕭浩仰、江紫涓
行銷統籌　駱漢琦
業務發行　邱紹溢
營運顧問　郭其彬
責任編輯　林芳吟
總 編 輯　李亞南

出版　漫遊者文化事業股份有限公司
地址　大同區重慶北路二段88號2樓之6
電話　(02) 2715-2022
傳真　(02) 2715-2021
服務信箱　service@azothbooks.com
漫遊者書店　http://www.azothbooks.com
漫遊者臉書　http://www.facebook.com/azothbooks.read
服務平台　大雁文化事業股份有限公司
地址　新北市231新店區北新路三段207-3號5樓
電話　(02) 8913-1005
訂單傳真　(02) 8913-1096

初版一刷　2024年1月
定價　台幣180元
EAN　2-28459766-032-0